BEI GRIN MACHT SICH IHR WISSEN BEZAHLT

- Wir veröffentlichen Ihre Hausarbeit,
  Bachelor- und Masterarbeit

- Ihr eigenes eBook und Buch -
  weltweit in allen wichtigen Shops

- Verdienen Sie an jedem Verkauf

Jetzt bei www.GRIN.com hochladen und kostenlos publizieren

Beweglichkeits- und Koordinationstraining für eine 19-Jährige

Ronnie Straßer

Bibliografische Information der Deutschen Nationalbibliothek:

Die Deutsche Nationalbibliothek verzeichnet diese Publikation in der Deutschen Nationalbibliografie; detaillierte bibliografische Daten sind im Internet über http://dnb.d-nb.de abrufbar.

ISBN: 9783346297150
Dieses Buch ist auch als E-Book erhältlich.

Deutsche Hochschule für

Prävention und Gesundheitsmanagement

Einsendeaufgabe

Fachmodul:	Trainingslehre III
Studiengang:	Gesundheitsmanagement
Datum Präsenzphase:	09.09.-11.09.2019
Matrikelnummer:	305494
Name, Vorname:	Straßer, Ronnie
Studienort:	**Saarbrücken**
Semester:	**WS17**

Inhaltsverzeichnis

1 Personendaten

Tabelle 1: Personendaten

Parameter	Daten
Alter (in Jahren)	19
Geschlecht	Weiblich
Körpergröße (in cm)	160
Körpergewicht (in Kg)	52
Trainingsmotive	- Durch Dehnübungen, die Beweglichkeit verbessern und somit Muskelverspannungen zu vermeiden - Durch Koordinationstraining, Haltungs- und Bewegungsabläufe optimieren
Berufliche Tätigkeiten	- 5x/Woche für 4 Stunden sitzende Tätigkeiten in der Schule - Als Physiotherapeutin stehende, aber auch gehende Tätigkeiten, 5/Woche für ca. 2 Stunden
Sportliche Aktivitäten	- 2-3x/Woche Fitnessstudio für ca. 60min.; - Bis vor drei Jahren Tanzsport 2-3x/Woche
Zeitliche Verfügbarkeit	3-4x/Woche für 1,5 Stunden
Allgemeiner Gesundheitszustand	- Bänderriss vor 3 Jahren (Hobbyturnier), ansonsten keine orthopädischen und internistischen Probleme - Keine ärztliche Behandlung - Keine Medikamenteneinnahme

Die Testperson möchte eine Verbesserung ihrer Beweglichkeit, was mit einem Beweglichkeitstraining von 3-4x/Woche erreicht werden kann. Zudem strebt die Physiotherapeutin eine Optimierung von Haltungs- und Bewegungsabläufen an, durch ein speziell auf die Testperson angepasstes Koordinationstraining. Aufgrund der Parameter: Alter, Körpergröße und Körpergewicht sollte das Ziel zu bewältigen sein. Mit ihrer Vorerfahrung, im Beruf der Physiotherapie besitzt sie auch Kenntnisse im Bezug auf Dehnübungen. Des Weiteren ist die Probandin keine Anfängerin im Bereich Beweglichkeit und

Koordination, da sie bis vor drei Jahren 2-3x/Woche Tanzsport betrieben hat. Ein weiterer Grund für die volle Belastbarkeit der Person ist, dass ihr allgemeiner Gesundheitszustand als sehr gut zu bewerten ist.

2 Beweglichkeitstestung

2.1 Testdurchführung

Tabelle 2: Manueller Beweglichkeitstest

Muskel-gruppe	Testausführung	Testauswertung
Testung der Brustmusku-latur (M. pectoralis major)	Die Person liegt in Rückenlage auf der Behandlungsliege. Sie hat ihre Beine angewinkelt (Beckenfixierung). Zudem haben die Füße Kontakt mit der Auflagefläche. Durch leichten Zug, mit dem Unterarm in diagonaler Richtung von der zu testenden Seite weg, wird der Thorax fixiert. Sowohl ein 90°-Beugewinkel im Ellenbogenge-lenk, als auch eine Abduktion im Schultergelenk des zu testenden Arms ist vorhanden. Durch das „Anspannen von der Bauchmuskulatur" wird eine Fixierung des Beckens und der Lendenwirbel-säule begünstigt. (nach Janda, 2000, S.270)	*Stufe 0:* Durch leichten Druck des Testhelfers kann Oberarm unter die Horizon-tale bewegt werden (keine Bewegungsdefizite). *Stufe 1:* Durch leichten Druck des Testhelfers kann der Oberarm bis zur Hori-zontale bewegt werden (leichte Bewegungsdefizite). *Stufe 2:* Durch Druck des Testhelfers erreicht der Oberarm die Horizontale nicht (deutliche Bewe-gungsdefizite). (nach Janda, 2000, S.271)
Testung der Hüftbeuge-muskulatur (speziell M. illiopsoas)	Die Testperson liegt erneut in Rü-ckenlage auf der Liege und das Ge-säß schließt mit dem Rand der Be-handlungsliege ab. Das angewinkelte Bein wird maximal weit an den Körper herangezogen, dabei kann der Tester	*Stufe 0:* Durch leichten Druck des Testhelfers kann Oberschenkel unter die Ho-rizontale bewegt werden (keine Bewegungsdefizite). *Stufe 1:* Durch leichten Druck des Testhelfers kann

Muskel-gruppe	Testausführung	Testauswertung
	leicht mithelfen. Das nicht herangezogene Bein ist im Überhang. Nun beobachtet der Tester die Hüftflexion des freien Beines. Die Position des Oberschenkels im Verhältnis des freien Beines gilt als Messbereich. Die maximale Extension des Hüftgelenkes kann getestet werden, da sich das Bein im Überhang befindet. Primär führt der M. illiopsoas im Hüftgelenk eine Flexion aus. (nach Janda, 2000, S.258)	der Oberschenkel bis zur Horizontale bewegt werden (leichte Bewegungsdefizite). *Stufe 2:* Durch Druck des Testhelfers erreicht der Oberschenkel die Horizontale nicht (deutliche Bewegungsdefizite). (nach Janda, 2000, S.259)
Testung Kniestreckmuskulatur (speziell M. rectus femoris)	Die Testperson liegt erneut in Rückenlage auf der Liege und das Gesäß schließt mit dem Rand der Behandlungsliege ab. Das angewinkelte Bein wird maximal weit an den Körper herangezogen, dabei kann der Tester leicht mithelfen. Das nicht herangezogene Bein ist im Überhang. Eine maximal möglicher Hüftextensionswinkel des Gegenbeins, durch den Tester fixiert. Jetzt bewegt der Tester dieses Bein in einen maximal möglichen Kniebeugewinkel. Der Winkel zwischen Ober- und Unterschenkel gelten als Messbereiche. Die maximal mögliche Beugung des Kniegelenks wird mit Hilfe des M. rectus femoris getestet. (nach Janda, 2000, S.258)	*Stufe 0:* Durch leichten Druck des Testhelfers wird die Kniebeugung vergrößert. (keine Bewegungsdefizite) *Stufe 1:* Durch leichten Druck des Testhelfers wird ein 90° Kniebeugewinkel erreicht (leichte Bewegungsdefizite) *Stufe 2:* Auch durch Druck des Testhelfers wird ein 90° Kniebeugewinkel nicht erreicht. (deutliche Bewegungsdefizite) (nach Janda, 2000, S.259)
Testung Kniebeugemuskulatur (Mm. ischiocrurales)	Der Testperson liegt in Rückenlage auf der Behandlungsliege. Im Hüft- und Kniegelenk ist das nicht getestete Bein gebeugt. Der Testhelfer führt mit dem zu testenden Bein eine maximal	*Stufe 0:* Eine Flexion im Hüftgelenk ist im Ausmaß von 90° möglich (keine Bewegungsdefizite)

Muskelgruppe	Testausführung	Testauswertung
	mögliche Hüftflexion durch, dabei ist das Kniegelenk gestreckt. Der Winkel zwischen Beinachse und Hüftbeugewinkel (Longitudinalachse) gilt als Messbereich. M. biceps femoris, M. semitendinosus und M. semimembranosus (Dinosaurier ☺) sind alle Flexoren im Kniegelenk und Extensoren im Hüftgelenk. Das Kniegelenk wird gestreckt fixiert bei der Testausführung. (nach Janda, 2000, S.261)	*Stufe 1:* Eine Flexion im Hüftgelenk ist bis zwischen 80-90° möglich. (leichte Bewegungsdefizite) *Stufe 2:* Eine Flexion im Hüftgelenk ist nur unter 80° möglich. (nach Janda, 2000, S.262)
Testung Wademuskulatur (Mm. Triceps surae)	Erneut wird die Rückenlage eingenommen. Das nicht zu testende Bein steht gebeugt auf der Behandlungsliege. Gestreckt ist das zu testende Bein. Der Testhelfer greift das Bein distal am Fersenbein. Mit der anderen Hand greift der Helfer den Fuß von der Außenkante her. Der Testhelfer lenkt mit leichtem achsengerechten Druck (mit seinem Daumen) den Vorfuß in Richtung des Schienbeins. An der Ferse wird distalwärts gezogen. Der Mm. triceps surae lässt sich in den M. gastrocnemius und M. soleus unterscheiden. Um den M. gastrocnemius zu testen muss das Kniegelenk gestreckt fixiert werden.	*Stufe 0:* Mindestens ist bis zur 0°-Stellung ist eine Dorsalextension möglich (keine Bewegungsdefizite) *Stufe 1:* Eine Dorsalextension ist möglich, jedoch wird keine 0°-Stellung erreicht *Stufe 2:* Nur bis 10° und unterhalb der 0°-Stellung ist eine Dorsalextension möglich.

2.2 Testergebnisse

Tabelle 3: Testergebnisse (modifiziert nach Janda)

Muskelgruppen	Ergebnisse	
M. pectoralis major	Rechts: 0	Links: 0
M. illiopsoas	Rechts: 0	Links: 0
M. rectus femoris	Rechts: 0	Links: 0
Mm. ischiocrurales	Rechts: 1	Links: 1
Mm. triceps surae	Rechts: 1	Links: 1

Allgemein lässt sich sagen, dass die Beweglichkeit der Physiotherapeutin als sehr gut einzuschätzen ist. Drei von fünf Übungen weisen keine Bewegungsdefizite auf, was gut zu bewerten ist. Im Bereich der Kniebeugemuskulatur zeigen sich leichte Mängel im Bezug auf die Beweglichkeit. Sowohl das linke, als auch das rechte Bein sind ähnlich unbeweglich. Es ist also eine Flexion im Hüftgelenk zwischen 80-90° möglich. Die etwas schlechtere Beweglichkeit im Bereich der Wadenmuskulatur bzw. des Sprunggelenks lässt sich auf den Bänderriss vor 3 Jahren zurückführen, bei dem die Probandin noch immer leichte Einschränkungen spürt. Hier ist eine Dorsalextension zwar möglich, jedoch wird keine 0°-Stellung erreicht. Die Testergebnisse passen zu den Angaben der Kundin und sind auf die Beschwerden der Testperson zurückzuführen.

3 Trainingsplanung Beweglichkeitstraining

Tabelle 4: Trainingsplanung Beweglichkeitstraining

Muskelgruppen	Durchführung
Dehnung der Nackenmuskulatur (speziell: M. trapezius pars descendens) Aktiv-statisch	Die Ausgangsposition findet im Stand statt. Der Kopf ist leicht zur entsprechenden Seite geneigt, wobei die Blickrichtung immer nach vorne orientiert ist. Nun wird die Dehnposition eingenommen, in dem die Testperson eine Kopfneigung zur gegenüberliegenden Schulter ausführt. Dieser Schulterbereich wird jetzt aktiv nach unten gezogen. Die Dehnposition wird für 50 Sekunden gehalten
Dehnung der Brustmuskulatur (speziell: M. pectoralis major) Passiv-statisch	Die Ausgangsposition ist ein hüftbreiter Stand mit Blick in Richtung Wand. Der zu dehnende Arm wird mit einem 90° Abduktionswinkel an der Wand aufgelegt. Nun findet eine Rotation im Oberkörper statt, bei der sich von der Wand weggedreht wird, bis die Dehnschwelle erreicht wird. Erneut wird diese Position 50 Sekunden gehalten.
Dehnung der rückseitigen Oberarmmuskulatur (speziell: M. triceps brachii) Aktiv-dynamisch	Ausgangsposition erfolgt im hüftbreiten Stand. Ein Arm wird mit maximal gebeugtem Ellenbogengelenk seitlich neben den Kopf gelegt. Die Hand soll sich im Optimalfall zwischen den Schulterblättern befinden. Jetzt wird der angewinkelte Arm mit der anderen Hand zur Körpermitte (nach unten) gedrückt. Da es eine dynamische Übung ist, wird der Zug am Ellenbogen abwechselnd verringert und wieder verstärkt (20 Wdh.).
Dehnung des Rückenstreckers [Katzenbuckel] (speziell: M. erector spinae) Passiv-dynamisch	Der Vierfüßlerstand ist die Ausgangsposition. Die Bauchmuskulatur wird aktiv angespannt und dabei die Wirbelsäule nach oben gewölbt. Es wird nun im Wechsel die Bauchmuskulatur etwas gelöst, die Wirbelsäule nach unten hingedrückt. Jetzt wird die Bauchmuskulatur wieder angespannt und die Wirbelsäule nach oben gewölbt (20 Wdh.).
Dehnung der seitlichen Rumpfmuskulatur	Die Ausgangsposition ist hier der ein leichter Seitgrätschstand. Es werden nun die gestreckten Arme maximal vom Körper abgespreizt und verschränkt nach oben über den

Muskelgruppen	Durchführung
(speziell: M. latissimus dorsi, M. obliquus externus und internus abdominis) Aktiv-statisch	Kopf gelenkt. Die Dehnposition wird eingenommen und für 50 Sekunden gehalten, dabei wird der Oberkörper bei gerader Beckenachse leicht zur Seite geneigt. Der Brustkorb bleibt bei dieser Übung durchgehend aufgerichtet.
Dehnung der medialen Oberschenkelmuskulatur (speziell: M. adductor brevis, longus, magnus, M. gracilis, M. pectineus) Passiv-dynamisch	Die Ausgangsposition zur Dehnung findet im Sitzen statt. Der Oberkörper wird von dem Armen gestützt, welche hinter der Person auf dem Boden abgelegt sind. Beide Beine sind gestreckt und abgespreizt vorm Körper platziert. Die Dehnposition wird jetzt eingenommen, indem der Oberkörper nach vorne geneigt wird bzw. das Hüftgelenk gekippt wird. Wichtig ist, dass der Rücken permanent gerade bleibt. Da es sich um eine dynamische Übung handelt, wird der Oberkörper abwechselnd nach vorne geneigt und wieder aufgerichtet (20 Wdh.).
Dehnung der vorderseitigen Oberschenkelmuskulatur (speziell: quadriceps femoris) Aktiv-statisch	Die Ausgangsposition beginnt im Stand. Von hier aus wird ein Bein mit der gleichenseitigen Hand, knapp über dem Sprunggelenk bis zum Gesäß gezogen und dabei beugt sich das Bein. Die Ferse soll sich auf Höhe des Gesäßes befinden. Das Standbein ist leicht gebeugt, zudem ist das Becken leicht gekippt und die Ferse maximal zum Gesäß hingezogen. Diese Position soll erneut 50 Sekunden gehalten werden.
Dehnen der rückseitigen Oberschenkelmuskulatur (speziell: biceps femoris, M. semimembranosus, M. semitendinosus) Postisometrisch	Die Ausgangsposition ist bei dieser Übung die Rückenlage. Ein Bein wird im Kniegelenk angewinkelt und auf dem Boden aufgesetzt mit dem Fuß. Das andere Bein wird im Kniegelenk gestreckt um Körper hingezogen, bis zur maximalen Dehngrenze. Jetzt drückt ein Testhelfer für 8 Sekunden das ausgestreckte Bein zum Körper hin. Es folgt eine 2-3-sekündige Pause. Zum Schluss wird der Vorgang des Testhelfers wiederholt und es ist deutlich zu erkennen, dass sich das Bein viel weiter Richtung Körper drücken lässt (15 Sekunden halten).
Dehnen der Wadenmuskulatur	Die Ausgangsposition wird im Sitzen ausgeführt. Beide Beine sind ausgestreckt. Der Oberkörper ist aufgerichtet und ge-

Muskelgruppen	Durchführung
(speziell: M. gastrocnemius, M. soleus) Aktiv-statisch	rade. Nun wird eine Dorsalextension des oberen Sprunggelenks zum Körper hin, ausgeführt. Diese Position wird für 50 Sekunde gehalten.
Dehnen der Wadenmuskulatur (speziell: M. gastrocnemius, M. soleus) Aktiv-dynamisch	Die Ausgangsposition ist im Stand. Ein Bein wird nach hinten gestellt und dabei gestreckt. Die Fußsohle ist auf dem Boden aufgesetzt. Das andere Bein ist im Kniegelenk gebeugt. Der Oberkörper wird dabei leicht nach vorne gebeugt. Die Zehen beider Füße zeigen parallel nach vorne. Die Dehnposition wird eingenommen, indem das Körpergewicht nach vorne und hinten verlagert wird (20 Wdh.).

Es wird zwischen dynamischen und statischen Belastungsformen unterschieden. Jede Dehntechnik kann in einer aktiven und passiven Form durchführt werden, woraus sich vier Dehnmethoden ableiten lassen:

Aktiv-dynamisch: Es beschreibt den Wechsel von Kontraktion und Entspannung des Gegenspielers. Die Methode eignet sich zur Vorbereitung auf sportliche Leistungen (Prohl & Scheid, 2009, S.151). In der sportlichen Praxis erfolgen fast alle Bewegungen dynamisch und das mit maximaler Geschwindigkeit und Intensität.

Aktiv-statisch: Die Bestimmung der Kraft erfolgt durch den Antagonisten. Der zu dehnende Muskel wird durch die Kontraktion der Muskeln aktiv in die Dehnposition gebracht und dort gehalten.

Passiv-dynamisch: Die Dehnmethode beschreibt den Wechsel von Belastung und Entlastung durch externe Kräfte (Partner, Schwerkraft, etc.). Die Testperson nimmt eine Dehnposition ein, die durch wippende Bewegungen des Partners verstärkt wird.

Postisometrisch: Ein Testhelfer drückt die Extremität der Testperson in die Position bei der die Schmerzgrenze erreicht wird. Jetzt folgt eine kurze Pause von 2-3 Sekunden. Es folgt eine erneute Kontraktion der Muskulatur durch Mithilfe des Testhelfers, dabei lässt sich deutlich sehen, dass sich die Bewegungsamplitude deutlich erhöht.

Das Belastungsgefüge, welches eine Trainingshäufigkeit von 3x/Woche für 45 Minuten voraussetzt, was von der Physiotherapeutin zu bewältigen sein sollte. Danach erfolgt ein 30-minütiges Koordinationstraining. Es werden 4 Sätze pro Übung gemacht. Die Dehndauer beläuft sich beim statischen Dehnen auf 50 Sekunden. Das dynamische Dehnen wird mit 20 Wiederholungen durchgeführt. Die Postisometrische Dehnung erfolgt durch

8 Sekunden Anspannung, 3 Sekunden Entspannung und 15 Sekunden Anspannung. Die Intensität wird gesteuert bis zur Dehnschwelle, nach einigen Bewegungseinheiten kann bis zur maximalen Dehngrenze gedehnt werden. Aufgrund ihres allgemeinen Gesundheitszustandes wird ein Beweglichkeitstraining absolviert, was etwas höhere Anforderungen hat. Jedoch wird darauf geachtet, dass pro Muskelgruppe nur eine Dehnübung durchgeführt wird um eine Überforderung zu vermeiden. Bis auf die letzte Übung ist der Plan darauf ausgerichtet, doch werden bei dieser Übung verschiedene Schwerpunkte gesetzt. Das Beweglichkeitstraining beginnt im oberen Bereich des Körpers, der auch wesentlicher Bestandteil für die Körperstabilität ist. Demnach wird die Nacken-, Brust- und Oberarmmuskulatur gedehnt, um der 20 stündig sitzenden Tätigkeit pro Woche entgegenzuwirken. Zudem werden viele Übungen im Stehen ausgeführt um dem ständigen Sitzen in der Schule entgegenarbeiten. Wichtig ist hierbei auch eine ausreichende Dehnung der Rumpf-, Becken- und Rückenmuskulatur, um gegebenenfalls muskuläre Dysbalancen auszugleichen. Bei muskulären Dysbalancen kann es durch gestörte Bewegungsabläufe zu Muskelverspannungen führen, welche Schmerzen hervorrufen. Eine muskuläre Balance hingegen ist nach Klee (1995, S.24) eine physiologische Stellung, dabei wird das Gelenk durch das Verhältnis der Drehkräfte der das Gelenk überziehenden antagonistischen Muskeln in einer normalen Stellung gehalten. Deshalb ist ein präventives Dehnen in diesem Bereich des Körpers nicht zu vernachlässigen. Die unteren Extremitäten dürfen natürlich nicht vernachlässigt werden, deshalb folgt nun die Dehnung der vorderen und hinteren Oberschenkelmuskulatur. Vor allem die hintere Oberschenkelmuskulatur weist Defizite beim Beweglichkeitstest auf. Gründe hierfür könnten das Zusammenspiel von wenig Beweglichkeitstraining und der ständig sitzenden Tätigkeit sein. Es kann mit der postisometrischen Dehnmethode die Beweglichkeit relativ schnell verbessert und somit das Bewegungsdefizit beseitigt werden. Auffällig ist, dass M. ischiocrurales und M. triceps surae, welcher für die Extension im Knie verantwortlich sind, gedehnt werden müssen, denn hier zeigen sich die Bewegungsdefizite der Testperson. Des Weiteren ist die Beweglichkeit im Sprunggelenk etwas eingeschränkt, was sich auf den Bänderriss vor 3 Jahren zurückführen lässt. Somit werden um Schluss zwei Dehnübungen, um die Mobilität speziell im Sprunggelenk zu verbessern, durchgeführt. Laut Dehne (1934) kann es bei nicht komplett verheilten Bändern zu einer abnormen Beweglichkeit des Gelenks führen.

4 Trainingsplanung Koordinationstraining

Tabelle 5: Trainingsplanung Koordinationstraining

Bezeichnung	Durchführung
Linienstand	Das linke Bein wird vor das rechte Bein gesetzt, sodass die Beine eine Linie erzeugen. Nach 20 Sekunden wird das Bein gewechselt. Dabei sind die Knie leicht gebeugt, der Oberkörper gerade und die Arme hängen locker neben dem Körper.
Linienstand mit geschlossenen Augen	Siehe oben + geschlossene Augen
Einbeiniger Stand	Das Standbein ist leicht gebeugt, das andere Bein verlässt den Boden und wird hinter den Körper angewinkelt. Nach 20 Sekunden wird erneut das Bein gewechselt. Die gerade Körperhaltung, sowohl im Rücken als auch im Kopf ist wichtig (nicht nach unten schauen!), sondern gerader Blick nach vorne und dabei einen Punkt fixieren.
Einbeiniger Stand mit geschlossenen Augen	Siehe oben + geschlossene Augen
Standwaage	Das Standbein ist leicht gebeugt. Das andere Bein wird gestreckt in die waagerechte nach hinten gehoben. Der Oberkörper wird langsam nach vorne, unten gebeugt, bis zu einem 90° Winkel zum Standbein. Die Arme werden gestreckt neben dem Körper gehalten, sodass sich eine gemeinsame Körperlinie bildet. Diese Position wird 20 Sekunden gehalten.
Einbeiniger Stand auf Airex Pad	Das Standbein befindet sich in der Mitte des Airex Pads und ist leicht gebeugt, das andere Bein verlässt das Pad und wird hinter den Körper angewinkelt. Nach 20 Sekunden wird erneut das Bein gewechselt. Die gerade Körperhaltung, sowohl im Rücken als auch im Kopf ist wichtig (nicht nach unten schauen!), sondern gerader Blick nach vorne und dabei einen Punkt fixieren.
Einbeiniger Stand auf Airex Pad mit leichten Kniebeugen	Siehe oben + leichte Kniebeugen mit dem Standbein

Bezeichnung	Durchführung
Einbeiniger Stand auf Airex Pad auf Zehnspitzen	Siehe oben + Einbeinstand auf Zehnspitzen
Einbeiniger Stand auf Posturomed (beide Bremsen offen)	Es werden zuerst beide Bremsen des Posturomeds geöffnet. Das Standbein befindet sich in der Mitte des Posturomeds und ist leicht gebeugt, das andere Bein verlässt das Posturomed und wird hinter den Körper angewinkelt. Nach 20 Sekunden wird erneut das Bein gewechselt. Die gerade Körperhaltung, sowohl im Rücken als auch im Kopf ist wichtig (nicht nach unten schauen!), sondern gerader Blick nach vorne und dabei einen Punkt fixieren.
Einbeiniger Stand auf Posturomed (beide Bremsen offen) mit Tennisball werfen und fangen	Siehe oben + Tennisball hochwerfen und wieder fangen; Auf Zuruf des Testhelfers (blau=rechte Hand, rot=linke Hand) muss die Testperson den Tennisball mit der jeweiligen Hand fangen.

Das Belastungsgefüge beläuft sich auf 2x/Woche für 30 Minuten ein Koordinationstraining, welches nach dem Beweglichkeitstraining beginnt. Es wird in 4 Sätzen pro Übung trainiert, um eine Unterforderung der Physiotherapeutin zu verhindern. Die Satzpausen belaufen sich auf ca. 20 Sekunden. Die Belastungsdauer beim dynamischen Koordinationstraining beträgt 15 Wiederholungen pro Satz. Das dynamische Koordinationstraining wird, aufgrund erhöhter Anforderung am Ende des Trainings absolviert, um den Schwierigkeitsgrad zu erhöhen. Das statische Koordinationstraining sollte hingegen 30 Sekunden pro Satz betragen. Zudem werden beide Beine trainiert, sprich Beinwechsel nach jedem Satz. Nach Häfelinger und Schuba (2013, S.21) wird Koordination, als das Zusammenspiel von äußeren Reizen, welche schnell verarbeitet werden und der Muskulatur bezeichnet. Da die Testperson bereits Erfahrungen im Bereich Koordinationstraining vorweist, ist ein anspruchsvolleres Training vorzubereiten. Deshalb wird ein Koordinationstraining angestrebt, welches sowohl viele Bereiche des propriozeptiven Trainings als auch Bereiche des Gleichgewichtstraining miteinander vereint. Des Weiteren ist Koordinationstraining laut Leuchte, Müller, Riede und Schwesig (2001) ein wichtiger Bestandteil im Bereich Prävention und Rehabilitation von Rückenschmerzen oder anderen Beschwerden. Ziel der Probandin ist, dass es erst gar nicht zu Muskelverspannungen oder Schmerzen im Körper kommt. Da die Probandin vor drei Jahren einen

Bänderriss erlitt, ist ein regelmäßiges Koordinationstraining sehr wichtig, um ein erneutes Verletzungsrisiko zu senken (Gösling et al., 2005). Die Reihenfolge der Übungen sind anfangs leicht gewählt, werden jedoch von Übung zu Übung schwieriger. Das Koordinationstraining beginnt mit dem Linienstand, das keinen hohen koordinativen Anspruch vorweist. Bei der zweiten Übung führt die Person erneut den Linienstand durch, jedoch schließt sie ihre Augen dabei. Somit wird die afferente Verarbeitung etwas erschwert. Mit dem Einbeinstand wird der koordinative Anspruch etwas erhöht und die Testperson muss mit ihrem Standbein stärker Ausgleichbewegungen vornehmen. Der Einbeinstand mit geschlossenen Augen schult erneut die Propriozeption. Mit der Standwaage und der ungewohnten Körperhaltung wird der Anspruch weiter gesteigert. Das Airex Pad in den folgenden Übungen wurde gewählt, um den Körper ständig zu fordern Ausgleichbewegungen durchzuführen. Vor allem die Stabilität im Fuß wird hier trainiert. Ein dynamisches Koordinationstraining, der auf dem Airex Pad durchgeführt wird, wäre für einen Einsteiger nicht zu bewältigen, doch aufgrund der Vorerfahrungen traue ich der Testperson ein solches Koordinationstraining zu. Mit den letzten Übungen wird der Organisationsdruck, durch die Kombination aus: Ball hochwerfen und auf die Farbe reagieren, wird das Training auf die schwerste Stufe gesetzt. Mit zwei geöffneten Bremsen am Posturomed ist der koordinative Anspruch am Höchsten und dies ist zugleich auch die letzte Übung.

5   Literaturrecherche

Tabelle 6: Literaturrecherche zweier Studien

	„Kurzfristige Effekte verschiedener singulärer Muskeldehnungen"	„Bewegungsreichweite, Zugkraft & Muskelaktivität bei eigen- bzw. fremdregulierter Dehnung"
Autor/en	Glück, S., Roemer, K. & Wydra G.	Glück, S., Hoffmann, U., Schwarz, M. & Wydra, G.
Publikations- jahr	1999	2002
Stichprobe	23 Sportstudenten (m=15, w=8); Alter: 23 ± 3Jahre, Gewicht: 76 ± 7 Kg, Größe: 178 ± 7cm	27 Sportstudenten (m=16, w=11); Alter: 25 ± 2Jahre, Gewicht: 68 ± 10Kg, Größe: 176 ± 8cm; Studenten mit überdurchschnittlich hohen Beweglichkeitsanteilen, Sportarten wie Turnen, Akrobatik, etc. wurden ausgeschlossen
Versuchsaufbau	Es wurde die maximale Dehnfähigkeit der ischiocruralen Muskelgruppe des rechten Beines gemessen, wobei die Bewegungsreichweite und die auftretende Muskelspannung erfasst wurde. So wurde eine Apparatur entwickelt, bei der die Versuchsperson auf einem auf Rollen gelagertem Schlitten fixiert liegt. Der Proband wird bei der Testung über eine Verschiebung des Schlittens in die maximale Hüftflexion gebracht. Die Mitteilung erfolgt über die mündliche Mitteilung der Versuchsperson an den Testhelfer. Es wurden drei Dehntechniken simuliert:	Es verfolgte eine Aufteilung der 27 Sportstudenten in drei zufällige Gruppen, um die Dehnungsfähigkeit der ischiocruralen Muskeln zu überprüfen. Der Testzeitraum beträgt insgesamt fünf Wochen. Was sich gliedert in eine Woche Gewöhnungsphase, bei der sich die Probanden den drei Durchführungsformen vertraut machen. Nach einer weiteren Woche Pause beginnt dann die eigentliche dreiwöchige Testphase, mit einem Test pro Woche. Zudem erfolgte eine 5 – minütige Erwärmungsphase auf dem Fahrradergometer.

	„Kurzfristige Effekte verschiedener singulärer Muskeldehnungen"	„Bewegungsreichweite, Zugkraft & Muskelaktivität bei eigen- bzw. fremdregulierter Dehnung"
	Statische, Postisometrische und Dynamische Dehnung (Treatments). Die Bewegungsamplitude wurde zu drei Zeitpunkten gemessen: *Testzeitpunkt 1:* - unmittelbar nachdem die maximale Dehnposition der Versuchsperson erreicht wurde *Testzeitpunkt 2:* - nach Beendigung verschiedener Treatments *Testzeitpunkt 3:* - Versuchsperson wird nach dem Treatment von dem Testhelfer in die maximale Dehnposition gerollt	Es werden folgende Parameter gemessen: <ul><li>Maximale Bewegungsreichweite</li><li>Zugkraft bei konstantem Winkel</li><li>Muskelaktivität des M. biceps femoris</li></ul> *Direkte Eigendehnung:* - selbstständiges Dehnen über einen Seilzug *Indirekte Eigendehnung:* - selbstständiges Bedienen eines Elektromotors *Indirekte Fremddehnung:* - mit Hilfe von Zurufen des Probanden, steuert der Testleiter den Elektromotor
Ergebnisse	Es vergrößerte sich die maximale Hüftflexion zwischen den verschiedenen Testzeitpunkten durch die Dehntechniken um 7° und 10°. Im direkten Vergleich zwischen den drei Dehntechniken weißt die statische Dehntechnik die geringste Bewegungsreichweite auf. Die postisometrische und dynamische Dehntechniken zeigten eine hohe Bewegungsreichweite, jedoch unterschieden sich beide Techniken nicht signifikant. Zudem ist auffällig, dass sich die Dehnspannung während den	Es wurde ein hochsignifikanter Unterschied zwischen der direkten Eigendehnung (110,7°), indirekter Eigendehnung (105,7°) und indirekter Fremddehnung (105,4°) festgestellt. Daraus lässt sich schließen, dass die direkte Eigendehnung am effektivsten war, da hier die Bewegungsreichweite um 5% höher ist als bei den indirekten Dehnungsmethoden. Zudem wurde die direkte Eigendehnungsmethode als angenehmste empfunden. Unterschiede zwischen in-

	„Kurzfristige Effekte verschiedener singulärer Muskeldehnungen"	„Bewegungsreichweite, Zugkraft & Muskelaktivität bei eigen- bzw. fremdregulierter Dehnung"
	Treatments (Dehntechniken) um 19 – 35% verringert.	direkter Eigendehnung und indirekter Fremddehnung konnten nicht nachgewiesen werden.
Schlussfolgerung	Alles in allem kann man sagen, dass die dynamische und post-isometrische Dehntechnik bessere Ergebnisse liefert im Bezug auf die Bewegungsreichweite, als die statische Dehntechnik. Deshalb eignet sich das postisometrische und dynamische Dehnen mehr, um seine Dehnfähigkeit zu verbessern. Jedoch darf man nicht vergessen, dass eine Gesamtstichprobe durchgeführt wurde und somit Männer und Frauen nicht separat getestet wurden. Zudem lag nur eine geringe Anzahl von Probanden (23) vor, was eine 100% genaue Aussage nicht möglich macht.	Folglich lässt sich festhalten, dass die direkte Eigendehnung die größte Bewegungsreichweite bei geringster Zugkraft und Muskelaktivität aufweist. Aufgrund zusätzlicher Befragungen im Hinblick auf die subjektiv angenehmste Dehnmethode zeigt sich die direkte Eigendehnung ebenfalls Überlegenheit gegenüber den indirekten Dehnmethoden. Eine konstante Dehngeschwindigkeit, wie beispielsweise bei einem Elektromotor ist bei der direkten Eigendehnung nicht vorhanden, was man als kleinen Nachteil ansehen kann, jedoch überliegen die Vorteile der direkt Eigendehnung.

6 Literaturverzeichnis

Dehne, D. (1934). *Allgemeine Folgen von Bänderrissen und Spätfolgen des medialen Bänderrisses am Ellenbogen, sowie Vorschläge zu dessen Behandlung.* Berlin: Springer.

Glück, S., Hoffmann, U., Schwarz, M. & Wydra, G. (2002). *Bewegungsreichweite, Zugkraft und Muskelaktivität bei eigen- bzw. fremdregulierter Dehnung.* Deutsche Zeitschrift für Sportmedizin, 53, 66-71.

Glück, S., Roemer, K. & Wydra, G. (1999). *Kurzfristige Effekte verschiedener singulärer Muskeldehnungen.* Deutsche Zeitschrift für Sportmedizin, 50, 10-16.

Gösling, T., Jagodzinski, M., Knobloch, K., Krettek, C., Martin-Schmitt, S. & Zeichen J. (2005). *Prospektives Propriozeptions- und Koordinationstraining zur Verletzungsreduktion im professionellen Frauenfußballtraining.* Stuttgart: Thieme.

Häfelinger, U. & Schuba, V. (2013). *Koordinationstherapie-propriozeptives Training* (6. Aufl.). Aachen: Meyer & Meyer.

Janda, V. (2002). *Manuelle Muskelfunktionsdiagnostik* (4. Aufl.). München: Urban und Fischer.

Klee, A. (1995). *Beiträge zur Sportwissenschaft. Haltung und muskuläre Balance und Training. Die metrische Erfassung der Haltung und des Funktionsstandes der posturalen Muskulatur - Möglichkeiten der Haltungsbeeinflussung durch funktionelle Dehn- und Kräftigungsübungen.* Frankfurt/Main: Harri Deutsch.

Prohl, R. & Scheid V. (2009). *Kursbuch 2 Trainingslehre* (11. Aufl.). Wiebelsheim: Limpert.

Leuchte, S., Müller, K., Riede, D. & Schwesig R. (2001). *Koordinationstraining und Lebensqualität – Eine Längsschnittuntersuchung bei Pflegepersonal mit Rückenschmerzen.* Stuttgart: Thieme.

7 Tabellenverzeichnis